당신의 마음

당신의 마음

1판 1쇄 발행 2024년 9월 1일

지은이   조태진
발행인   강신옥
펴낸곳   한국문인출판부
        등록 | 2021. 7 제2021-000235
        02643 서울시 마포구 월드컵북로 235, 19-704
        ☎ 010-9585-7785
        gtree313@gmail.com
        Printed in Korea ⓒ 2024 조태진

값 13,000원

※ 잘못된 책은 바꿔 드립니다.
※ 저자와 협의하여 인지 생략합니다.

ISBN 979-11-987514-1-6

당신의 마음

조태진 시집

시집을 내면서

시집을 발간하면서 많은 부끄러움과 감회를 느낀다.
나는 어려서부터 지금까지 어느 곳에 참석하든지 바쁘다는 말을 할 정도로 열심히 살고 일하였다.
열 살부터 뒷산에 올라 나무하고 풀 베고 소 몰고 농사일을 거들며 생활하였으며 초등학교를 11살에 입학하여 15세에 졸업하였다.
어려운 살림이라 중학교, 고등학교를 야간에 다녔으며 중, 고등학교 교사 생활을 하면서 동국대학교 국문학과를 졸업하였다.
중·고등학교 교사, 자동차 회사 사장, 학원장, 서울시의회 의원 등 밤낮을 가리지 않고 현재만을 보고 뛰어 내 나이 80세를 넘었다.
지금도 대연진흥(주), 명지종합개발(주), (주)한국대하실업에서 부회장으로서 일하고 있다.
나는 참 복을 많이 갖고 태어났다.
가난한 살림에 내일 아침 식사 준비 못 하면서도 쌀 팔아 학비 보태주는 어머니 같은 형수가 있었고 배워야 산다는 배움의 화신 형이 있어 버팀목이 되어 실패, 시행착오, 수 없는 어려움도 이길 수 있었다.

   큰사람 만들려고 눈, 비 피하지 않고 돌보신 형님 지금도 마음 한구석 허탈하시어 내 행적비를 세우셨다.

   그래서 한가한 시간 과거를 생각게 되고 무엇인가 쓰고 싶어 내 본업을 찾아 규칙도 법칙도 무시하고 난해한 어구를 벗어나 쉽고 누구도 이해할 수 있는, 영감을 모아 적었다.

   먼저 나의 부모, 조부모와 홀로 대화하며, 끊임없는 내 아내의 남편 사랑과 자식들 모습, 내 고향 산천의 아름다움, 서울의 명물 자연의 모습들을 적었다.

   특히 나는 사물을 관찰하고 인생을 표현할 때 부정보다는 모든 것을 긍정적으로 생각하며, 다른 이의 잘못을 사랑으로 승화시켜 용서와 이해 협조의 마음을 표현하는 데 힘을 썼다.

   이 시를 읽는 분들도 지나친 욕심, 분노, 실수, 상처 따위는 용서하며 사랑으로 행복한 삶을 이루기 바란다.

조태진

2024. 8.

시집을 내면서　4

조태진 시인의 작품 세계 …… 이철호　147

제1부 봄비

- 봄비 …… 12
- 산골에서 …… 13
- 봄나들이 …… 14
- 남한산성 벚꽃 …… 15
- 계룡산 신흥암 …… 16
- 정원 …… 17
- 당신의 마음 …… 18
- 여행 …… 19
- 北京 梨花院(이화원) …… 20
- 용경협 …… 21
- 백담사 …… 22
- 집 …… 23
- 삶·1 …… 24
- 삶·2 …… 25
- 봄 …… 27
- 밭갈이 소 …… 28
- 여름 …… 29
- 농촌마을 …… 30
- 촌마을 …… 31
- 부처님 …… 32
- 고목 …… 33
- 호수 …… 34
- 벼 이삭 …… 35
- 강변에서 …… 36
- 가을·1 …… 37
- 가을·2 …… 38

제 2 부　아 버 지　지 게

딸아 …… 40
사랑 …… 42
겨울바람 …… 44
마지막 장 달력 …… 45
새해 …… 46
아들 밥상 …… 47
비밀 …… 48
고독 …… 49
제석비除夕悲 …… 50
아버지 생신 …… 51
기차여행 …… 52
겨울·1 …… 53
돌각담 …… 54
아버지 지게 …… 55
성묘 …… 56
부모님 묘 …… 57
그리움·1 …… 58
강가에서 …… 59
가을 하늘 …… 60
은행 아가씨 …… 61
겨울 산새 …… 62
눈 …… 63
내 임 …… 64
말해(갑오년) …… 65
촌가 …… 66

제3부 사랑의 알맹이

기차 …… 68
봄풍경 …… 69
나무잎 …… 70
청학靑鶴 …… 71
봄소식 …… 72
가을·3 …… 73
그리움·2 …… 74
정화淨化 …… 75
어린 노루 …… 76
잃어버린 강아지 …… 77
겨울·2 …… 78
봄·1 …… 79
단풍 …… 80
달밤의 추억 …… 81
사랑의 알맹이 …… 82
송사리 …… 83
봄까치 …… 84
백두산 꽃 …… 85
두만강 도문교 …… 86
길림성吉林城 …… 87
국화섬 …… 88
임 소식 …… 89
추억 …… 90
두고 온 정 …… 91
설산 …… 92
배꽃 …… 93

제 4 부

봄바람

봄·2 …… 96
축 졸업 …… 97
여행·1 …… 98
봄바람 …… 99
님 향기 …… 100
세심洗心 …… 101
출근 …… 102
겨울·3 …… 103
그리움·3 …… 104
여름 닭 …… 105
냄새 …… 106
友情 …… 107
장마 …… 108
낙엽 …… 109
한해 …… 110
고라니 …… 111
석양 …… 112
늙은 아내 …… 113
갑오년(甲午年) …… 114
길 …… 115
약속 …… 116
河趙臺 해맞이 …… 117
희망 …… 118

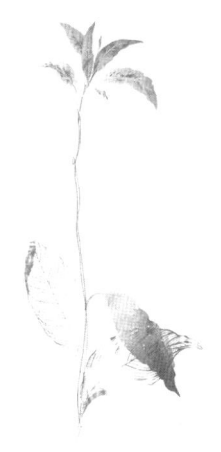

제5부 노루는 당당하게 잡아라

노루는 정정당당하게 잡으라 …… 120
보고 싶은 할머니 …… 123
어머니 …… 127
아버지 뵙고 싶습니다 …… 129
아버지와 여행 …… 131
아버지 사랑 …… 135
대추나무 삼 형제 …… 138
아내 생일 …… 141
참교육 …… 143
끝맺으며 …… 154

제1부 **봄비**

봄비

찔레꽃 이밥꽃 만개한 사이로
봄비는 바람도 없이 달달 내린다.
연분홍치마 벌리고 소원성취
복을 비는 아낙네 마음을 아는지

메마른 대지에 촉촉이 스며들어
따뜻한 솜이불 식물들 싹 틔우고
온갖 동물들 생명이 꿈틀댄다

검푸른 나뭇가지 잡새들 짝 찾는 소리
봄의 풍요로움 친구들 찾아오고
봄 향연 축하하는 봄비로구나

산골에서

깊은 산중 별만 보이는 수목 속
진달래 꽃길
떨어지는 벚꽃잎 머리에 이고
비행기 자동차 자전거를 타본다
웃음이 난다
즐겁다
행복하다.

벌, 나비, 다람쥐 토끼, 고라니, 장끼
귀여운 친구 아침에 일어나면
일하고
거닐고
해지면 잔다.

봄나들이

봄바람 사이로 동백꽃 언덕을 지나
임을 찾는 새들의 지저귐을 들으며
한 걸음 한 걸음
비탈길 냇가에 당도한다

맑은 옥수 퐁퐁 솟구쳐
흐르는 땀 식히고 마른 목 축이고
손을 닦는다.
아픈 다리 넓은 바위에 누이고
파란 하늘 오수에 젖는다.

남한산성 벚꽃

만개한 벚꽃 눈부시게 황홀하다.
벚꽃길 가득히 걷는 남녀 청춘들
묻어나는 정을 주체할 수 없어
비비고 바라보고 웃음 가득하다

남한선성 오르막 언덕 벚꽃
역사의 슬픔 아는지 모르는지
옛모습 그대로 흐트러지게 피었는데
오가는 이 마음 즐겁기만 하구나

계룡산 신흥암

적막한 숲속 임 찾는 산새소리
산사의 스님도
풍요한 속세를 그리게 하는구나

신흥암 부처님 인자한 얼굴
자비를 베푸시니
신선들 도량 참배객 많구나

신흥암 찾은 신도
소원성취하시라

정원

도라지꽃 분꽃 봉선화 백일홍
온갖 꽃이 입을 열고 벌을 부른다
고운 목소리 눈웃음에
벌들은 발길을 정하지 못하고
우왕좌왕 넘치는 꿀에 눈독을 들인다

하늘을 가리는 감나무 목련
꽃들의 정을 아는지 모르는지
하늘만 보고
달님 별님 손잡으려
발뒤꿈치를 점점 올리는구나

꽃들아 나무들아
주인의 사랑 새기며
행복하게 살자

당신의 마음

당신의 마음은 빨간가요 파란가요 하얀가요
하얀 마음일 것 같아요
나의 어둡고 괴로운 것, 분별 못 하는 것, 철없는 것
모두를 덮어주니까요
환한 햇빛보다 티 없는 보름달보다
내 마음 잘 비춰주지요

어쩌다 강물에 빠지려고 할 때도
험한 산 떨어지려 할 때도
비바람 폭풍우가 다가와도
당신은 내 허리를 감싸고 미소 짓지요
나는 그 마음이 좋아서
한눈팔지 않고 넓은 들판 황무지도
마음 놓고 활보하고 밀알을 찾아
결실을 맺나 봅니다.
그 마음 그리며
그 마음속에서 꽃피고 열매 맺고 살렵니다

여행

무거운 짐 내려놓고
은은히 들리는 노래소리
잡다한 생각들 접고
산, 바다 여행을 간다

고속도로 양 옆
단풍 추수한 빈 논밭
아무것도 걸치지 않고
푸른 하늘을 본다

풀어논 마음 가늘 수 없어
촌부의 술 한잔 청하니
동해바다 맑은 물
마음을 담그고 있구나

북경 이화원北京 梨花院

넓은 호수 검은 학 두 마리
앉지를 못하고 돌고만 있다.
정 품고 알 낳으려 하나
하얀 학 어디 가고 물새들 지저귀는고

호수를 모으고 고대광실을 지었건만
임 오지 않으니 쓸쓸한 맘 달래려
호수에 나와 달, 별 보자 하나
물 흐려 강태공도 발을 돌렸다네.

아 검은 학 두 마리
무슨 꿈을 이루었을까
잡새들 배불리니
그것으로 만족하여라

용경협

천년만년 용이 숨어 살던 곳
온 선비들의 병풍을 막아
눈에는 보이지 않고 숨소리만 나더니
용경협 만인의 세상 웃음이어라

영면한 용님 무슨 죄 지었을까
꾀 많은 강택민의 눈에 띄어
허물을 훌훌 털고 세상에 나왔으니
큰 입 벌려 중국 국민 배불리거라
용경협 너하고 친구되어 가련다

백담사

아늑한 하늘 보이는 곳
임 그리워 피눈물 흘리며
몸부림치던 한 스님의 체취
맑은 물에 흐르는구나

넓은 개천 수많은 돌탑
임 소원 정성으로 이루고
떨어지는 낙엽 번뇌를 버리며
천혜의 경관을 만끽하시라

집

행복 사랑 삶의 보금자리
큰집 작은집 초가집 기와집
새집 닭집 개집 개미집 벌집
사람 동물 곤충은 집이 있다

밤낮으로 꿈을 불사르고
포근하게 감싸는 곳
엄마의 자궁에서 시작하여
한줌 흙으로 돌아갈 때까지
달보고 손 젓는 나그네도 집을 찾고
비행기를 타도 내 집을 보면 설레인다
기차 승용차를 타도 내 집 오면 편안하고
술에 취한 밤길에도 내 집은 잘 찾는다
불쌍하고 가련하고 복 없는 이 노숙자다

행복이 어디 있느냐 묻거든
내 집이라 하소서

삶 · 1

칠복 타고난 아가
선덕 베푼 부모 그늘에
천방지축 모르고
무럭무럭 잘 컸지요

하늘 땅 눈 뜨니
가시나무 험한 길
갈 길 막아서네
구름 타고 날았답니다

꽃 피고 새 우는
천리길 걸었지
잉꼬새, 봉황새, 크낙새
소곤소곤 살포시 정들었지

서산에 햇무리 지니
환한 하늘 달 오네
곱고 어여쁜 임 찾아
때때옷 입고 여행 갑니다

삶 · 2

풀 한 포기 나무 한 그루
종달새와 뻐꾸기
호랑나비 잠자리
너희들
친구되어 살았단다

아버지와 어머니
누나들과 형제들
내 민족과 이웃들
당신들
은혜로 행복했습니다.

뒷동산 앞내
금수강산 백두대간
동해, 서해, 남해
노을 속
사랑을 꽃피웠지

삶의 보은 새기려

야삼경 지필묵 찾으나
다리가 움직이지 않아
별을 보며
달속에 마음을 그리네

봄

개나리 진달래 흐드러지게 피는데
날씨 아직 차가워서인지
벌 나비 오지 않아 씨를 못 갖는가
화려하기는 한데 실속이 없구나

꽃을 바라보는 그리움 가득한 나그네
먼먼 임의 얼굴 그릴 때
한적한 산사 물소리 새소리
목련과 홍매화 향기에 젖는다

따뜻한 햇살을 받아 대지를 녹일 때
초목은 꽃이 피고 잎을 부르니
온갖 동물 짝지어 장관을 이루고
농부의 바쁜 손길 눈알이 반짝인다

밭갈이 소

암소와 수소가 나란히
큰 눈을 굴리면서 입에는
거품을 물고
농부의 훈령에 따라
한걸음 한걸음 밭을 간다

비지땀을 흘리면서
가쁜 숨을 몰아쉬면서
그 자태 흐트러짐 없이
석양에 노스님 같고
창공을 나는 학 같구나

밭갈이하는 소야
너처럼 일하고
농부처럼 착하게
정 많은 친구 만들어
논밭에 살고 싶구나

여름

한낮에 기온이 삼십도를 오르내린다.
온몸은 땀이고 손발은 까마귀발톱
얼굴은 구리빛 두 눈은 별빛

교태내는 아낙네들 옥색치마 날리고
서당의 글읽는 소리 간장에 생수나고
선비들 그늘밑 난상토론 끝이 없구나

검은 구름 춤을 추더니 소나기가 쏟아진다.
청풍에 돛단배 미꾸라지 하늘을 날고
처녀의 삼단머리 감기고
마음속 검은 때 강물에 띄우네

농촌마을

파란 수수 이삭 빨간 모자를 쓰고
나이든 여인 콩밭에서 땀 흘려 김을 맨다
지나가는 나그네 풍년이라 기뻐하네

허수아비 휘여휘여 참새를 쫒고
허리굽은 농부 독야청청 피를 뽑는다네
임 그리는 할머니 가슴이 쪼그라든다

누렁이는 멍멍 주인을 반기고
온갖 향기 가득한 마을회관에는
옹기종기 모여든 남친여친 소란하구나

촌마을

동트는 아침 눈을 비비고 일어나니
새소리
귀를 혼란스럽게 한다
아무 말도 하지 않는다.

한낮에 오수를 즐기다 일어나니
꿀벌소리 뒷동산을 오르게 한다
입을 꼭 다물고 걷는다

석양에 스님 모습 사라지니
개짖는 소리
모두 보금자리를 찾는다
내 벗들 아무 말이 없다

부처님

정좌하고 웃으시는 부처님
동지섣달 설한풍 폭풍우 몰아쳐도
청춘의 뛰는 가슴 설레는 봄
미동도 하지 않고 빙그레

5월의 풀내음 지저귀는 새소리
다람쥐 공양미 물어가고
비둘기 양주가 먹이를 고른다
부처님 자비문 열고 빙그레

여기저기 연등 밝히고
동서남북 구도자 소원을 빌으실제
하늘의 별 숨바꼭질 하고
온누리 부처님 향 그윽하구나

고목

천년을 하루같이
하늘만 바라보고
속내를 감추었던
인고의 세월
엊그제
새싹 같았는데
노승이 고목이라네

온갖 동물 품어 안아
그 흔적 속살이 나고
풍상에 가지마다
상처만 남았구나
사랑이 용광로여라
그 아픔을 알았으랴

호수

넓은 호수에 조각배
바람부는 대로 파도치는 대로
동서남북 물결을 가른다.

길 잃고 헤매는 취객
물결이 잠들면 꿈을 그리고
햇살 비치면 새를 부른다.

먼먼 고향 들려오는
벗들의 웃음소리 둥근달 발걸음
고요한 호수 배가 부르다.

벼 이삭

벼 이삭 고개 숙인다
찬물 목욕을 하고
저수지 골논 시집가서
햇빛 소낙비 도움받고
햇님 달님 벗을 삼아
농부의 사랑 먹고 금빛
열매를 맺었다

벼 이삭 농부는 웃는다
저들이 곡간에 오면
아들딸 시집 장가들고
늙은 아내 병원 간다
참새도 방앗간에 오고
농부는 이별주 나누며
고맙다고 인사를 한다

강변에서

강물은 변함없이 흐르고
수목은 겹겹이 옷을 갈아입는데
강변을 즐기는 시인
어제 오늘 그 모습이 다르더라

바다를 쫓는 강물 위에는
철 따라 온갖 잡새들 날고
석양에 먼 산 바라보니
하얀 구름 빨갛게 물들었구나

버들가지 꺾어 불던 강가
많은 자동차 떼지어 가고
졸던 태공 보이지 않고
인어들 다리만 비춰는구려

가을 · 1

황금 들녘 바라보는 농부의 흐뭇함
수수 이삭 조 이삭 환한 코스모스
스치는 가을의 시원한 산들바람
한가한 내 마음 거스르지 않는구나

만산홍엽 가득한 천지의 단풍
이 골 저 골 단풍 담고 흐르는 냇물
물고기 단풍을 벗삼아 겨울 준비 한참
나는 그들에 취해 가을을 걷는다.

가을 · 2

까맣게 그을린 농부의 얼굴
논둑에 앉아 소 먹을 풀을 베는데
방아개비, 여치, 메뚜기 낫질을 막는구나.

고개들어 하늘을 보니 녹색으로 물들고
뒷산 알밤 헤벌쩍 벌리고
대추나무 알들은 분홍치마 갈아입고
불어오는 바람에 도토리는 떨어진다.

밤나무 사이로 열 부인을 거느린 다람쥐
알차고 실한 놈만 골라서 너도나도 물어올제
넉넉하고 흥겨운 할머니 밤알 세며 부르는 노래
지나는 길손들 가던 길을 멈춘다.

가을
빨리 가지 말고 이것저것 이야기하며
구름에 달 가듯이 여유있게 가려무나

제 2부 **아버지 지게**

딸아

아버지 부르는 소리가
산 넘고 물 건너 바람 타고 온다
아버지… 아버지…
엄마 몸 나올 때도
아장아장 걸을 때도
까만 눈알 굴리면서
예쁜 웃음 지었지
두세 살 어릴 때도
제 동무 모여 앉아
퇴근 아빠 길목 지켜
아비 목에 뽀뽀하던 날
제 할 일 제가 하고
모범생 길을 닦고
학문에 꽃을 피워
칭찬만 듣던 딸

제 새끼 키운다고
천만리 물 산 넘어
독수공방 기나긴 밤

얼마나 외로울까
오매불망 부르다가
동창이 밝아오면
흐트러진 머리 잡고
일터에 나가겠지

딸아 애비 말 전하니
용기는 참음이란다
난관이 산이라도
참고 이겨 햇빛 보자

사랑

사랑의 간장 달달
살살 익은 사랑의 열기
갈바람 잠을 재울까
향기 가득한 님의 체취
혼은 녹아지고
몸은 남산에 눕네

사랑의 눈 초롱초롱
깊은 산골 호랑이
망망대해 눈보라
활짝 핀 꽃 한송이
쇠구두 다 닳아도
임은 그를 찾아가고

사랑의 눈물 퐄퐄
어제의 만남 오늘의 헤어짐
뜨거운 가슴 알알
사랑은 눈물을 먹고
까만 족두리 쓰고

금관을 쓸 때까지

사랑의 속은 돌돌
나비는 새콤달콤 놀고
배꽃잎은 춤추고
그윽한 밤꽃 향기
어느 하나 싫을까
가득 품고 살어리라

겨울바람

머리 풀어 산발하고 바쁜 걸음으로 온다.
초대하는 이 없는데 왜 급하냐고 하니
앞을 봐도 옆을 봐도 걸릴 것이 없단다.

나무들은 옷을 벗고 잠을 자고
풀잎은 갈잎 밑에 꼭꼭 숨고
오곡은 뒤주 속에 꿈을 꾼단다.

참새는 꽁꽁 얼어 내 탓을 하고
외양간 황소 입에는 고드름 달리고
얼음 속 물고기 살려달라고 애원한다.

이 고을 저 고을 옛님을 찾으니
반갑지 않은 손님 어서 가란다.
두리번쩍 시베리아 가란다.

마지막 장 달력

행복과 서글픔이 교차하는 듯
기쁘고 슬프고 기다리고 아쉽고
희망을 주워 담는 열아홉 청춘남녀
사랑하는 짝을 찾아 마음대로 뛰었다
황소를 짊어지는 삼사십 대 장년
많은 임무 무거워 달력 넘는 소리도 잊고
좋은 세월 다 보낸 오륙십 나이 들면
낙엽 소리 스산한 바람 소리 눈물이 난다
아침마다 인사하고
하루 일정 주일 약속 달달 계획 일 년 실천
혼자남은 달력은 우니 참 좋다
주고 받는 정 다 못하고 한해는 간다

새해

새해 아침이 밝았다
까만 토끼 새끼 나를 반긴다
어젯밤 갓 낳은 아가들이다
무럭무럭 자라서 큰 토끼 되거라

햇살은 천리만리 어두운 곳 밝히고
맞이하는 우주 만물 임 그리며 웃는다
천운이 만개하여 소망대로 아루고
선인의 가슴 나팔 소리 울리거라

아들 밥상

아버지 생일이라고
갖가지 음식을 준비하여
술과 안주상을 차린다.

은고여천 덕후사지(恩高如天 德厚似地)
정성을 다한지라
먹기 아까웠느니라

물려줄 재물도 없고
덕화를 베풀지 못하였으니
부끄러워 고개 숙이노라

너의 정성 만족하니
부모 생각 뒤로 하고
네 일에 매진하거라

비밀

나뭇가지 사이로 비춰오는 햇살이
숨어 지켜보는 여인을 부끄럽게 하는구나
말은 멈추고 눈은 사방으로 돌아
일거수일투족을 빼놓지 않고 살핀다
장미의 아름다움 볼 수는 있어도
꽃은 피기까지 애타던 비밀
광명천지 대낮에도 볼 수 없으니
만물을 창조하신 어머니께
물어나 볼거나

고독

눈을 감고 하늘을 본다.
별 달 꼭꼭 숨어 보이지 않고
캄캄한 밤이다.

부엉이 우는 소리 들린다.
임을 찾는지 친구를 찾는지
눈물이 흐른다.

동서남북 자리를 본다
뒹굴뒹굴 고운 잠 청하니
홰치며 닭이 운다.

제석비除夕悲

석양에 먼 산 바라보니
우거진 녹음 위에 햇살이
발갛게 익었구나

행복을 자랑할까
임을 찾아갈까
아쉬움 놓을 수 없어
가는 님 바라만 보네

아버지 생신

칠월칠석
날씨도 덥고 모기도 많고 배고프고
아버지

높은 지혜 가문에 꽃 열매 수놓고
칠월 칠석 씨암탉 희생시켜
옥수폭포 가족건강 살찌우고

백일주 한잔 가을을 불러 주셨다.

기차여행

안개 낀 차창 너머 초목들
여름을 부르고
넓은 논 모종 부끄러워
물속에 숨고
임 실은 기차는 간다.

밝은 햇살 사이로 보이는
하얀 아카시아꽃 강가의 백로
행인들 발걸음 멈추게 하고
승객들 눈 차창에 모이는구나

가슴 속 쌓인 번뇌
잠시나마 잊고 달리는 기차여행
내일의 활력되어
옛날 옛날 어린 꿈
새싹되어 오거라

겨울 · 1

간밤 많은 눈 내리니
흰옷 입은 할아버지
까만 손가락 눈길 헤집고
반길 손 설레는 마음이어라

하얀 눈 정든 임 생각
처마 밑 눈 녹는 눈물
고향산천 눈 보이니
옛 추억 백마 타고 오시네

산사 오가는 이 없고
따사한 햇살 풍경소리
들새 산새소리 어울려
그리움만 점점 더하는구려

돌각담

여기저기 나뒹굴던 잡석들
한곳에 모이어 집을 지었구나
사연들 다르지만
불평불만 없겠지

대지의 품속 고요히 잠들었다가
풍화에 시달리고 손갈퀴에 긁히고
단단한 굳은 의지
온갖 종류의 돌들

오지마을 구석구석 쌓인 돌각담
음지가 양지되어 금덩이 되고
금마차에 실리어
정든 고향을 떠난다.

아버지 지게

열 자식 태우고
밤낮 싱글벙글 가다가
허리가 활대가 되어도
아버지는 지게를 진다.

사랑과 책임감
자식들 제 길 찾을 때
지게가 쇳소리 내어도
어제오늘 변함이 없다.

은은히 들려오는
노래 소리 글 읽는 소리
아들딸 행복한 활동
아버지는 지게를 졌다.

곱디고운 손발은
지게 목발 벗이 되어
주름진 얼굴 열 골이 되어도
앙상한 어깨 지게가 그립다.

성묘

나뭇잎 풀잎 향기 그윽하고
벌 나비 이꽃 저꽃 바쁜데
신선의 웃음소리 들리는 듯
고요하고 적막한 수목 속

부모님 곤히 잠드셨으니
불효자식 곡주 한잔 올리고
한식일 재배합니다

부모님 묘

노고성 밑 중턱에
엄마아빠 계시어
시시때때 찾아도

환한 웃음 반기지 않으시니
내 효성이 닿지 않음이라
불효아들 눈물 흘립니다.

※노고성: 경기도 양주시 광적면 우고리 뒷산에 있는 성이름
 (임진왜란 때 쌓은 성)

그리움 · 1

꽃 한송이 가마타고 날아든 임
동지섣달 설한풍 곤히 잠자고
칠팔월 폭염 용기내어 일하고
봄가을 임 따라 멀리멀리 다녔다.

천수를 바라보니
옛 추억 가득하여
때 묻은 손수건 놓고
그리움 눈물 녹인다.

강가에서

강물이 바람에 출렁이니
달과 별이 춤을 추고
수목들 장단을 맞추는데
나그네 봇짐을 지고 간다

아침안개 가득히 내리니
사람은 없고 이야기만 오고
풀잎마다 수정이 흐르는데
복슬강아지 내 바지 적시네

석양에 햇님 얼굴 붉히니
초목은 동물을 품어 앉고
강가를 거닐던 나그네
물속 달을 건지려 하는구나

가을 하늘

파란하늘 하얀구름 별은 보이지 않고
정답게 정담을 나누는 소리 들리는 듯
가을하늘은 높고 맑고 깨끗하여라
아아 가을하늘 날으고 싶어라.

높고 높은 가을하늘 우러러 보면
꿈도 이상도 사랑도 속삭이는 듯
마음의 티 몸의 허물은 사라지고
아아 가을하늘 상쾌하여라.

은행 아가씨

예쁜 얼굴 가느다란 손가락
은행 아가씨가 돈을 센다
눈알이 똥그래서 한푼이라도 틀릴까봐
옆 총각이 쿡쿡 찔러도 대꾸가 없다
실금같은 차질이라도 생길까봐
정신을 몰두해서 책임 다하는 업무

착한 마음 고운 마음
살랑살랑 여자의 향기
암흑속에 묻어두어
영영 여자의 본성 잊을까
그것이 두렵구나

겨울 산새

다리는 까맣고 깃털은 파르르 떨고
눈망울 탱글탱글 돌린다.

여름벌레 가을 조 이삭 그리며
임도 친구도 저 멀리 두고
따뜻한 햇살 지기 전에
떨어진 풀씨를 찾는다.

겨울 가고 봄 기다리는 산새
마음도 몸도 곱구나

눈

눈이 온다 산에 들에
할머니 마음에도 할아버지 가슴에도
청롱한 꿈 가득 싣고 하얗게 하얗게 쌓인다.

효자도 불효자도
가슴에 하얀 눈을 품는다
품었던 눈 녹아내리면
부모 마음 북망산으로 간다

내 임

간절히 기다리던 임
물은 머무르지 않고 흐르고
달은 제자리를 돌고 있는데
임은 보이지 않고
자취만 옛터에 남았지

임 찾아 발길을 헤맬 때
반딧불 꼭꼭 숨고
목동의 관솔불 꺼지니 캄캄한 그믐밤
부는 바람 임의 체취 같았지

그리운 님을 만나니
입은 열리지 않고
눈물만 강물되어 흘러라
오그라든 꼬치 가슴
뜨거운 눈물 녹여주었지

말해(갑오년)

함박눈이 내리는 아침 밝았구나,
올해는 청마가 뛰는 갑오년이란다.
눈이 녹고 봄비 내리면 푸른 초원
가족 늘고 행복 가득하리라.

말달리는 발굽소리 천지를 진동하니
고요히 잠자던 날풀들 춤을 추고
봄향기 그윽한 드넓은 대지
사랑 가슴속 용솟음치는구나.

청마들 엉덩이살 기름이 흐르니
산천초목 푸르름 호수에 비추고
시집간 딸집 찾는 어머니
건강과 행복이 가득하여라.

촌가

동해바다 둥근 해가 산에 오르니
식물은 고개들어 인사하고
동물들 먹이 찾아 발길이 급한데
온갖 새소리 가슴이 뛰는구나

뒷집 앞집 마당에 햇빛이 가득하니
열아홉 새끼를 거느린 암탉
먹이 골라 살찌우는 모정의 모습
장골 수탉 홰치며 반기는구나

천지강산 햇빛으로 감싸 안으니
꽃마다 벌나비 분주한데
알을 품은 까투리 명상에 졸고
임부르는 장끼소리 귓가에 머무네

제3부 사랑의 알맹이

기차

구름 낀 아침 달리는 기차
차창 밖 정원은 녹색으로 물들고
논밭에 새 생명 줄을 섰는데
눈 내놓고 기차는 간다

몸도 마음도 싣고 간다
흔드는 수목들 어둠의 땅굴
손발을 묶고 내친걸음에
목적지에 알을 낳는다

어젯밤에 맺은 약속
머릿속 가득히 불사르고
많은 생각 용광에 볶다가
귀한 생명 자리를 옮긴다

봄풍경

남촌의 전령 편지를 받아
기지개를 펴고 일어나니
목련 매화 사이좋게 가슴을 열고
새들은 짝을 찾는다

들녘 논둑 밭둑 산기슭
여인네들 봄바람 안고
식구들 성찬을 그리며
나물을 캔다

파란 보리밭 종달이
알 낳을 곳 찾아 헤메이고
흰구름 사이 햇살이
수줍은 각시 어루만지네

나무잎

몰아치는 비바람
늘어진 나뭇잎
가지에 엉기더니
햇볕드니 미소짓고
겨드랑이 실바람 부니
물방울 달달 털고
산들산들 춤을 춘다

새들을 안아주고
매미를 품어주고
늘 늘
푸르거라

청학靑鶴

날마다 보는 꽃 누가 알리요
십 년에 한 번 오는 청학은
먼 먼 긴긴날 기다리리다

꿈에 본 님 꿈 깨면 사라지느냐
백년을 살아도 그 마음 안 보이고
심수에 소리 없이 흐르는 마음
내 어찌 갓끈을 맬 수 있느냐

그리운 임 돌아오시니
손발 닦으러 개천에 간다
천년 한 품었으니 하늘이 보이고
임의 마음 안으니 배가 부르다

봄소식

훈풍이 머리맡에 오니
결박된 나뭇가지에
파아란 새싹 눈을 뜨고
나그네 발을 세우네

찬서리 눈보라 무서워
이불속 곤한 잠 자다가
봄 전령 나팔소리에
황급히 이불을 개는구나

가을 3

누렇게 익은 감 얼굴을 내민다
뒷동산 황율은 해말간 속살을 보이고
배, 사과 장한듯 알통을 뽐낸다
귀뚜리들은 임노래 한창이다

가을.
산새, 들새 앞가슴 밤낮으로 부풀고
말과 소 등에는 개기름이 흐른다
들판의 허수아비 오곡 지키느라 땀 흘리고
꿈 많은 농부들 풍요에 가슴 설레네

그리움 · 2

두견새 뻐꾸기 문풍지 울려도
곤히 잠든 아버지 귀 열지 못하니
오막손 편지 못하고 아버지 부른다
효자손도 잠이 들었구나

봄꽃 향기 그윽이 실바람 불고
앞내의 버들가지 물고기 부른다
온갖 동물 짝 찾아 눈알이 동그란데
산 넘어 임의 손 보이지 않네

정화淨化

근심 걱정 할머니
냇가 나루에 앉아
물고기 바라보며
같이 놀자 하는구나

욕심 많은 고양이
산토끼를 잡아 놓고
만찬을 즐길 때
호랑이도 안 보이네

청춘남녀 사랑할 때
서책은 먼지가 묻고
머릿속 빈 공간
욕정만 가득하구나

어린 노루

절벽에 넘어진 어린 노루
다리를 다치고 정신을 잃어
이몽사몽 꿈속에 있을 때
다친 다리 매어주고 먼산을 가리키니
예쁜 노루새끼 꿈벅꿈벅 절하고
뒤돌아보고 뒤돌아보고 뛰어간다.

우리 할아버지
뛰어가 잡으라 하신다

- 2024. 8. 1

잃어버린 강아지

자고나니 강아지가 없다
나만 보면 졸졸 따르고
바지 끝을 물고 늘어지던
하얀 점박이 우리 강아지

이집 저집 이 마을 저 마을
강아지가 갈만한 곳은
두루두루 헤매고 찾아도
강아지는 없다

밥 먹는 것도 일하는 것도
손에 잡히지 않아
그립고 허전함에
먼 산 보며 강아지를 그린다

강아지야 너도 나를 찾겠지
내가 너를 못 만나더라도
너는 새주인 있거든
마음 편히 잘 지내거라

겨울 · 2

문풍지 울리는 찬바람
기도 마친 윗목 정한수
치고받고 아우성을 친다.

개떡같은 이불속
아가 얼까봐 감싸 안은 엄마
발은 천장을 본다.

보다 못한 신령님
하얀 이불을 지어
찬바람 막아주고

동물 식물 덮어 주니
그 은혜 높을세라
겨울을 산다.

봄·1

캄캄한 밤 이불을 둘러쓰고
손발을 껴안고 호호 잠자다
할머니 관솔불에 문을 여니
성미 급한 아가들 언발 보이네

텃밭 냉이가 속살을 보이니
벌나비 꿈속 깨어나고
아가씨 가슴엔 꽃방울 맺고
햇님은 골고루 어루만지네

저 멀리 정장한 신사가
말 타고 봄소식 가득 실어
내 고향 산마루에 펼치니
옛친구 옹기종기 인사를 하네

단풍

검버섯 하나 없이 곱게 물들었구나
노랗고 빨갛게

따가운 햇살은 옥수로 가리우고
사나운 비바람 우산도 없이 어떻게 피했느냐
너의 신랑 예쁜 각시 만나도 눈길 주지 않더냐
너의 사랑하는 아들딸
밥 잘 먹고 공부 잘하고 탈없이 사회공헌 하더냐
너는 속상하지 아니하고 살았구나
붉게 물든 너의 얼굴 부족함이 없구나

나는 너를 보면 눈물이 난단다
단풍같이 살고 싶어라

달밤의 추억

산새 들새 곤한 잠 천지가 고요한데
멍멍 짖는 강아지
입을 막아 우리에 넣고

옛 추억 더듬으며
나 홀로 앞뜰 거닐을 제
보고픈 얼굴 잃어버린 기억 주마등같이
별빛에 반짝이는데 두견새는 왜 우는고
너도 내 맘 같아서

엄마 아빠 보고 싶으냐
시집간 딸이 그리우냐
첫사랑 애틋하더냐
색동옷 친구들 그리며
실눈에 이슬이 내리는데
찌개 끓이는 아내 잠 못 이루고
내 등뒤에 와서 살포시
시 한 수 지어 달랜다

사랑의 알맹이

천지를 틈새 없이 비치는 태양
만물을 감싸는 어머니 손
감정을 어루만지는 정든 님 유방
생명을 심고 키우는 희망의 꽃
목숨, 재물, 명예보다 귀한 것
신비와 비밀 삶의 보석
실체는 볼 수 없어도
먹고 입고 자고
수컷 암컷 씨앗을 뿌리니
삶의 옹달샘
알고 모르고 사랑이어라

송사리

시냇물 송사리 한 마리
올라갔다 내려갔다
먹이 찾아 임 찾아
햐얀 비늘 은빛같네

노는 것이 너무 귀여워
한 마리 잡으려 하면
겁먹은 듯 요리조리
꼬리치며 돌틈에 숨네

물가 가만히 앉아
먹이 하나 부서 내리면
숨었던 송사리 떼지어 나와
입 벌리고 춤을 추네

일급수 좋은 환경
송사리 보금자리
천년만년 옥수되게
선비들 앞장섰으면

봄까치

이른 아침 까치 한 마리
편지 들고 대추나무에 앉아
고운 님을 열 올려 불러대니
부끄러워 꼬리만 살랑살랑

임 보고 눈 마주한 까치
주는 먹이 냴름 받아먹고
꼬리치며 제집에 들어간다
정성들여 알 품고 기도하지

백두산 꽃

백두산 영봉 한 떨기 붉은 꽃
외로워 눈길 보내니
나풀나풀 오라고 하네

찬바람 눈서리 다 맞으면서
뿌리만 용케 살려
알뜰한 꽃 피었구나

너 있어 외롭지 않으니
처음 봐도 구면 같고
넘치는 정 하해 같네

두만강 도문교

하얀줄 기대서서
사진을 촬영하니
선넘어 뛰고싶어
가슴이 두근댄다
저넘어 민둥산이
반쪽의 우리강산
인적은 간데없고
까마귀 날아간다
.
두만강 푸른물이
내마음 실어다가
이물은 북한동포
화해의 덕이어라

길림성 吉林城

광활한 옛성터에
수많은 집들보니
동족들 숨소리가
내귀에 은은하네

먼옛날 우리조상
넓은들 신발없이
간악한 왜발피해
이곳에 혼심었지

길림성 넓은땅에
대한의 넋이살아
천만년 옥토되어
큰사랑 자라다오

국화섬

국화꽃 단장을 하고 사방을 보니
떠 있는 고깃배 따라다니는 갈매기
섬색시 비린내 나는 바다향기
방랑시인 여장 풀기 알맞구나

천지를 골고루 비추어 주던 태양
하루일과 붉은 선열을 뿜으며
넓은 바다 노을로 장관을 이루니
모인사람 손뼉치며 인사를 한다.

해지고 바람자니 적막하구나
먼바다 간간히 들려오는 파도소리
길 떠난 님의 기침소리 발자취
긴긴 밤 님 그리운 섬이어라

임 소식

밝은 날 얼굴을 맞대고
큰 꿈에 취해 손잡고
먼 산 광야를 걸었는데

칼바람 손 떼어 놓아
구름 낀 달빛 사이로
임의 얼굴 주름되어 보이네

창공을 날으는 기러기
오가다 님 소식 듣거들랑
임 소재 알리거라

그리움 가득 담아 소포를 보내게

추억

꽃을 보면 꺾고 싶고
나비를 보면 잡고 싶던
아침의 태양

토끼를 쫓고
사슴을 따라 달리던
초원의 한쌍

사계절 아름다운
화가의 그림
시인의 혼
가득 담아 놓았네

두고 온 정

하늘 보고 땅을 배우고
공자 맹자를 보고 시경 서경을 읽고
종아리를 맞고
하늘을 날아
세익스피어도 보고 워싱턴, 링컨도 만났습니다.

아버지 말씀 받들어
고운님 짝을 맺고
강아지를 키우고 맡은 책임 다하다
서산에 해졌습니다.

달님 별님 손을 잡고
두고 온 정 하소연하다
눈물 흘리었네

설산

설산에 노스님이
산짐승 먹이주니
호랑이 스님 앞에 절을 하고
지나던 포수
총을 내려놓고 담배를 문다
고요한 설산
자비 사랑 평화의 꽃이 핀다

배꽃

배꽃 흐드러지게 피었다
한적한 밤 눈이 감기지 않아
창문을 여니 외로웠는지
내 가슴 파고드는구나

아직도 날씨는 쌀쌀하고
독수공방 흘러간 옛정들
배꽃속 숨어서 엿보는 듯
마음은 가는데 몸은 천근

임잃은 소복입은 여인
춘삼월 야삼경에 깨어
임 그리워 울다가 소쩍새 만나
배꽃을 피었구나

제4부 **봄바람**

봄·2

날씨가 따뜻하다
솜이불 덮고 자다 하얀 눈 비집고 나와
파릇파릇 새싹 돋고 매화꽃 몽실몽실
찬 서리 웃음 짓네

봄을 알리는 전사들이
편지봉투를 풀어 놓으니
부지런히 일하라신다

참새들 알을 품고 씨암탉 둥지 트니
제비가 찾아오고 뻐꾹새 뻐꾹뻐꾹
천지가 흥얼흥얼 사랑의 꽃이 피네

아아 씨의 향연
생명을 낳는 계절이다
착한 마음 심도록 하자

축 졸업

어제 노란 새싹같던 예령이가
초등학교 졸업 월계관 썼구나
엄마아빠 손에 들려 가방끈을 질질 끌며
백강아지 같았는데

해와 달이 여섯바퀴 도는 사이
몸은 크고 삼단머리 부풀어서
청운 꿈을 되새김질하는구나

중학교에 가거들랑
동서남북 춤을 추며
달을 잡고 별을 따거라
- 외할애비

여행 · 1

어제는 구름 타고
예쁜 손 꼭 잡고
천하풍경 보았네

오늘은
거센 파도
배허리 휘어 감고
고기등을 탄다

내일은
돋보기 끼고
명경수 발 담그고
내마음 볼거나

봄바람

아침 햇살 받으며 뒷산에 오르니
꾀꼬리 교태부리며 꼬리 휘젓는다.

솔나무는 성아 꽃을 피우고
동백꽃은 가슴을 까발리고
갈잎 밑에는 꿩이 알을 품고
새싹은 하얀 이슬을 머금고

구름 타고 달려온 봄바람
내 볼에 머문다.

식물 동물 활활 타오르는 정열
사랑을 나누고 행복을 누리고
삶의 보따리 풀어 펼치는구나

님 향기

하얀 드레스 자락에
꿀벌이 집을 지었나봐
아카시아꽃 밤꽃 향기
솔 솔 솔
내 코를 어루만지시네

향기 따라 갔더니
꿀벌은 꽃밭 가고
수줍은 사향 각시
살머시 두꺼비 손잡아 주시네

세심 洗心

때 묻은 마음 안개 낀 가슴
구석구석 쌓인 먼지 찌든 때
닦고 버리고 쓸고 싶어라

깊은 산 들자 하니
늙은 고목 아무 표정 없고
크고 작은 나무
하늘 보고 땅은 못 보는데
맑은 산골물 티 없이 조잘대며
내 마음을 유혹하는구려
지고 온 짐들을 여기서 풀거나

출근

딸아이 아빠 안녕
아내는 힘내세요
어머니 차조심 하거라

찬란한 햇살 받으며
일터에 당도하니

관리영감 고개숙여 인사
회장님 오늘은 좋은날
오가는 동료들 눈인사

일터는 삶의 현장
사랑 행복이 넘친다

겨울·3

발가벗은 개구리 낙엽 밑 숨고
꿩, 노루 눈 위에 발자국 그리며
칼바람 초가집 지붕을 열면
참 겨울 맛을 본다

외양간 황소 입 고드름 열리니
거친 손 아줌마 아궁이 불 지펴
오지랖 따뜻해 언 몸 녹이니
설상 겨울이 익는다.

앙상한 나뭇가지 하얀 솜 피고
뜰앞 논배미 썰매가 부딪치니
언 손, 콧구멍 눈알 붉어지고
겨울 할아버지 간다

그리움 · 3

울창한 숲속 부엉이 울음소리
임의 유품 선별하는 나그네
지난 일들 옷깃에 아롱져
뽀얀 임의 얼굴 비치네.

별도 없는 밤 문풍지 소리
긴 머리 휘어잡고 잊으려 해도
알콩달콩 투정부리던 그 님
해맑은 웃음소리 귓가에 오고

새벽녘 알리는 장닭이 울어도
초저녁 품은 뜻 되살아나고
긴긴 한숨소리 벗하여
아련히 그리며 눈을 감는다.

여름 닭

햇빛이 쏟아지는
정오의 울밑 닭들
먹이도 귀찮은 듯
오수에 잠을 잔다

날개를 활짝 펴고
흰구름 타고오는
산들바람 깃털 흔드니
강아지 달려온다
잠자던 큰 수탉이
홰치며 나팔 부니
고요한 푸른 언덕
닭들의 세상이네

냄새

계분 우분 썩는 냄새
들판에 가득하니
광활한 푸른 초원
큰 황소 짝 찾는다
생선 굽는 비린 냄새
마을에 살내리니
말없이 얼굴보다
손잡고 시장 가고

엄마의 젖냄새에
아가는 방긋 웃고
고마운 엄마 냄새
천만금 행복하다

사람냄새 찾고 싶구나

友情

너와 나 맺은 정
천년만년 변치않게
명주실로 꽁꽁 묶어
금고속에 넣었거늘

해와 달 고개 넘어
신발이 닳았는지
고운정 모래 되어
소경에 감각 없네

친우들아 불러도
귀먹고 침말라서
옛정은 가데없고
그이름 아련하네

장마

십수일 끊이지 않고 내리는 비
사람, 나무, 흙 물에 혼합되어
하느님의 지시대로 간다

인재, 자연재 절규하는 소리
하늘 땅 천둥 번개도 깨우는데
보호하고 감싸야 할 손 어디 갔나
국가 국민 애국하는 어른들
장마전 소낙비에 떠내려가고
발가벗은 내 가족 처마 밑에 밤을 샌다

어리석은 백성 얼마나 슬프신가
하늘 보고 땅에 기대 살아온 삶
내일이면 햇님 오니 용기내어 일어나시라

녹을 먹는 위정자들 물 먹었느냐
눈도 멀고 귀도 막고 입도 봉했구나
정신 좀 차리어 미력을 보태거라

낙엽

뿌리줄기 잎을 오르내리는 맑은 물
온갖 영양분 나르고 노폐물 방출하고
힘 빠져 쉬려 하면 날씨가 춥다.

오던 식량 떨어지고 생명수 끊어지니
분홍빛 노란색 오색으로 물들어
찬바람 유혹에 나들이 떠난다.

내 사연 모른 채 외모만 보고
낙엽이 아름답다 곱다 하면서
땅치고 손뼉 치고 감탄하는구나

한해

저물어 가는 문턱에 서니
추억이 주마등같이 떠오른다.
뿌린 씨 꽃피고 열매 맺고
아가들 한뼘은 자랐다.

해뜨면 일어나 일하고
해지면 잠자고 꿈꾸고
희망을 품고 용기를 내고
슬픔도 이기고 괴로움도 삼켰다.

울고 웃고 춤추고 노래하고
좌절하고 극복하고 고요를 씹으며
발전도 퇴보도 맛보고
늙은 마소 길마를 벗는다.

고라니

예쁘고 착하고 겁많은 고라니
청취, 곰취, 싸리순, 다래순 찾아
이골 저골 천적 없는 평화로운 삶
살찌우고 천방지축 뛴다.

불청객 만나면 고개 들어 인사하고
뒤돌아보는 뿔도 없는 민머리
오곡의 어린잎을 먹는다
귀엽디 착한 어린이 마음이다

심산계곡 맑은 물 푸른 잎 탐하지
어쩌다 농약 풀을 먹었느냐
쫑그리고 살포시 감은 눈
고라니 황토흙 한 삽 가리워 주고 싶구나

석양

산밑 초가집 굴뚝 하얀 연기가
소리없이 모락모락 피어난다
단풍잎 갈잎 싸리잎 솔잎
타는 냄새가 매캐하게 코끝에 닿아
촌 새악시 볼에 눈물이 흐르네

들녘 일꾼들 하던 일 멈추고
노란 저고리 입은 아내 찾아
바쁜 걸음 성큼성큼 싸리문 여니
정성 넘치는 아내의 사랑
찌게 보글보글 밝은 웃음 행복 만찬

고봉밥 된장찌개 입안에 넣어
아내와 같이 하는 저녁식사
행복과 사랑으로 가득하네
인생의 참맛을 뉘라서
부귀영화라 했던고

늙은 아내

다리가 아프단다
팔이 아프단다
온몸이 아프단다
끙끙 소리가 난다

젊어서 아기 낳고
일 많이 해서 이렇게
아프단다

초록빛 머금고
앞뒤 안 보고 군말 없이 살아온
아내가 아프단다

오늘 내일 아프지 않게
병원 가고 약주고
뒷바라지 꼼꼼히 해야 할텐데
내 몸, 내 맘이 천근일세

갑오년(甲午年)

초원에 말이 새끼를 낳았다
들뜬 소문 모여든 구경꾼
환한 웃음 탄식 왈
청마 타고 구경을 가자네

푸른 청마 남북을 달리어
마음과 마음을 열어 놓으니
꽁꽁 얼어붙은
막힌 가슴 광명이 비치는구려

비도 눈도 알맞게 내리거라
건강한 청마들 잘 먹고 잘 놀아
가족들 행복 사랑
소망 가득 채워주거라

길

행복길 가시밭길
예쁜돌 놓았으면
발닦고 손씻으며
쉬엄쉬엄 가는 것을

수많은 길중에는
인생길 귀찮더라
뒤안보고 가는길
가는님 눈물 흘리지

삼천리 꽃길따라
동반자 손을잡고
이골저골 이길저길
단맛 쓴맛 달 찾아가네

약속

네 손을 꼭 잡고 내일 온다고 했지
닭 울고 날 밝으면 내일이지
내일 오고 또 내일 와도
나는 네 손을 잡지 못하는구나

네 얼굴 빤히 쳐다보니 가라했지
가고 싶으면 가라고 큰마음 먹었지
오는 날은 약속 없이 가라고
한발 두발 못가 뒤돌아보았지

가는 님 예쁜 부채 하나 손들려
열 내려 곱게 곱게 걸으시고
나와 맺은 약속 풍선에 날리우고
동서남북 행복님 맞으시라 했지

고운 님 오실 때는 북 울리고
오색실 곱게 꾸려 가마타고 오구려
많은 눈 보란 듯이 가슴 열고 안으리라
약속 지킨 님을 상좌에 모시리다

河趙臺 해맞이

고요히 잠든 파도 헤치며
고깃배 등대 따라온다
갈매기 호위를 받으며
휘황찬란 별들 하나하나 숨고
검푸른 바다 노랗고 빨갛게
몇 초가 지났을까 몇 분이 지났을까
뇌송 번개 칠 듯이 온 바다가 용광로
아가 머리 나오듯이
실눈 같은 빨간 모서리 눈이 부시다
그 장엄한 모습
어느새 불쑥 솟아오른 햇님
천지가 광명이다
하소대 잎 넓은 바다 모두가 햇빛이다
정치에 업을 맺고 임금님께 버림받은
하륜과 조준 오다가다 만나서
뜨는 해 감탄하며
바다 보고 해 보다가
그래도 욕심이 남아
하조대라 돌 파고 가셨네

희망

간밤에 이슬비 나리니
텃밭에 뿌린 씨
노란 모자 쓰고 하늘을 본다
햇님 달님 모자 벗고 인사하고
무럭무럭 크게 소원 빌겠지

사랑에 꽃을 든 산모가
옥동자를 낳았다
살이 찢어지고 뼈가 뒤틀려도
아가 보는 엄마 눈빛에는
소담스런 열매들 가득하다.

아 사랑의 씨앗 희망이리라

제5부 노루는 당당하게 잡아라

노루는 정정당당하게 잡으라

나는 어려서 할아버지 사랑을 지극히 많이 받았다. 네다섯 살 때 할아버지 손을 잡고 서당에 다녔으며 할아버지 가시는 곳은 비교적 빠짐없이 다녔다. 할아버지는 한학을 공부하신 분이어서 말씀도 적고 누구와 다툼도 없으셨으며 농사일에서는 호미 하나 들어본 적 없이 늘 조용히 학문에 깊이 몰두하신 분이었다.

갑갑하시고 무료하실 때는 나를 불러서 함께 들로 산으로 다니셨다. 물고기 노는 것을 보시고 글도 쓰시고 먹이도 주시며 저 물고기를 잘 살도록 사랑하라고도 하셨다.

하루는 할아버지와 뒷산에 올라 소리도 지르며 이리저리 새를 쫓고 꽃도 꺾으며 장난을 치는데 갑자기 비탈 언덕에서 바위가 굴러떨어지는 것 같은 큰 소리가 났다.

나는 무심결에 그 소리나는 곳으로 뛰어갔다. 가보니 이상하게 예쁜 중 노루 한 마리가 엎드려 있는 것이 아닌가? 나는 얼떨결에 무서운 것도 모르고 그 노루를 꼭 껴안고 할아버지를 마구 불렀다.

"할아버지, 할아버지 노루 잡았어요" 하면서 소리를

질렀다. 할아버지는 이상하다고 생각하시고 놀란 듯이 빨리 내 곁으로 오셨다.

할아버지는 내가 잡고 있는 노루를 보시고 손으로 만져도 보시고 다친 데가 없나 살펴보고 노루를 일으켜 세우셨다. 그리고 노루를 보고 떼놈! 하고 소리를 지르셨다. 노루는 날 살려라 하고 막 도망을 치다가 우뚝 서서 우리를 한번 돌아본 후 가버렸다.

할아버지는 "태진아, 이제 네가 뛰어가서 지금 저 노루를 잡아 올 수 있겠니?" 하셨다

"그러면 저 노루는 네가 잡은 거지만 노루가 실수로 굴러떨어진 것을 잡는 것은 네가 잡은 게 아니란다. 그러니 섭섭해하지 말거라" 하고 나에게

"너는 이다음에 어른이 되어서도 항상 정정당당하게 경쟁하는 사람이 되어야 한다"고 말씀해 주셨다.

그때에는 어린 마음에 집에 와서 아버지, 형, 할머니, 모든 식구 앞에서 내가 노루를 잡았는데 할아버지께서 놓아주셨다고 울었다. 할아버지는 빙그레 웃으시며 내일 내가 다시 잡아 주마 하시며 나를 달래 주셨다.

나는 학교 공부를 마치고 사회생활을 하면서 어려운 일이 있거나 누구와 크게 경쟁할 때 할아버지 말씀을 머리에 두고 실천했다.

할아버지의 자연사랑, 박애정신, 심오한 철학은 내가 배운 많은 학문보다도 값지고, 오늘까지 내가 살아오는 동안 무탈하고 행복한 삶의 원동력이 되었음을 요즘에야 다소나마 깨닫게 되며 더욱 할아버지가 그리워진다.

보고 싶은 할머니

 일찍 어머니가 돌아가시어 할머니께서 나를 키워 주셨다. 할머니께서는 나를 너무 귀여워하시어 밤에 잘 때에는 꼭 안고 주무셨으며 옛날이야기도 많이 해 주셨다.
 옛날에 우리 할머니는 길쌈을 하시어 의복을 지어 우리들을 키우셨는데 할머니께서는 매일 저녁 누에고치에서 실을 뽑으셨다. 그러면 번데기가 나온다. 뒷동산에서 호랑이가 새끼를 낳았는데 이 새끼들이 밤마다 내려와 새끼들을 어여삐 여기신 할머니는 새끼들에게 번데기를 먹여 주셨다.
 실 뽑는 일을 마치게 되어서 할머니께서는 마지막으로 호랑이 새끼들에게 번데기를 주고는 번데기를 조금싸 가지고 호랑이 굴에 가시어 내일부터는 번데기가 없으니 오지 말라고 하셨다.
 저녁에 집에 와서 주무시는데 호랑이가 죽은 사람을 마당에 갖다 놓았단다. 할머니께서는 뒷산에 가서 우리 사람은 사람을 먹지 않으니 도로 가져가라고 빌었단다. 그랬더니 호랑이가 금방 와서 그 사람을 치우고 송아지 한 마리를 잡아다 놓았답니다. 그래서 할머니께서는 할

수 없이 집안 일꾼들을 깨워 소머리와 가죽 다리를 잘라 호랑이에게 갖다주며 고맙다는 인사를 하고 고기는 잡수셨다고 하셨다. 이런 보은의 이야기를 들으며 잠을 청하곤 하였다. 이렇게 할머니 이야기를 듣고 자란 것이 원인이 되어 내가 시를 쓰고 수필을 쓰는지도 모르겠다.

1950년 6·25사변이 났을 때 일이다.

6·25사변이 나니 이웃 사람들 아버지, 작은아버지, 형 모두가 뒷산 깊은 산골에서 몸을 피하고 있었다. 그런데 나는 초등학교에 불려가 침식을 제공받으며 학생들에게 노래도 가르치고 운동도 하며 지냈다.

그러나 밤이 되니 할머니가 너무 보고 싶어서 몰래 도망을 쳐서 집에 오니 할머니께서 너는 학교에 있으면 큰일 날 것이니 내가 만들어 주는 미숫가루를 가지고 밤길로 뒷동산 깊은 곳에 가면 거기 형이 있으니 찾아가라 하셨다. 나는 할머니 말씀대로 피난하여 지내다가 다시 집으로 돌아왔다.

그러나 며칠이 안 가서 인민군이 다시 쳐들어와 온 식구가 피난길에 오르게 되었다. 할머니께서는 당신은 이제 많이 늙어 갈 수 없으니 모두 피난하라고 하시며 혼자 남겠다 하시었다.

나는 할머니와 떨어지는 것이 너무 싫어 모두 피난 가시게 하고 할머니와 같이 인민군 중공군과 마주치며 그들의 요구를 들어주며 전쟁터에서 무난히 지낼 수 있었다. 어느 날은 이런 일도 있었다.

나무를 하러 뒷산에 오르니 방공호 속에서 큰 꿩이 한 마리 먹이를 쪼고 있었다. 저 꿩을 잡아서 할머니께 드리겠다고 마음먹고 나뭇짐으로 방공호 문을 막고 집에 와서 "방공호 속에 꿩이 있으니 잡아 오겠습니다" 하고 작대기를 들고 꿩을 잡으러 가는데 할머니께서 쫓아오시면서 "애야 애야, 너의 형도 피난 가고 너의 아버지, 작은아버지 모두가 그 고생을 하며 피난살이를 하는데 그런 동물을 잡으면 쓰겠니 놓아주어 자유를 찾게 하렴" 하셨다.

결국 할머니는 꿩을 놓아주었다. 이 세상 모든 어머니, 할머니가 그렇겠지만 우리 할머니는 큰 덕을 지니신 분이었다. 또 한번은 이런 일이 있었다.

동네 젊은이들이 작대기를 들고 A군과 B양을 패준다고 야단이 났다. 그 이유인즉 아직 어린 것들이 혼례도 올리지 않고 아기를 가졌다고 지금 말로 풍기문란을 저질렀다고 법석이었다. 우리 할머니께서는 그 젊은이들을 달래고 A군과 B양을 우리 집에 불러 대청마루에 물 한 그릇을 떠 놓고 맞절을 시켜 결혼을 시켜주시고 주례사로 너희들은 오늘부터 잘살아서 큰사람, 부자가 되기 전에는 이곳에 오지 말라 하시며 타곳에 가서 열심히 일 할 것을 일러주시었다.

그들은 지금 서울에서도 큰 부자가 되어서 할머니의 고마움을 잊지 못하는 듯 옛날이야기를 한다고 한다.

사랑하고 존경하는 할머니 보고 싶어서 할머니 묘소에 형님과 같이 비석도 세우고 꽃나무도 심고 잔디에 비료를 주면서 할머니 저 왔어요 하면서 모든 사람이 못 들어도 좋으니 저에게만은 아주 작은 목소리로라도 '우리 손주 왔니' 하고 대답 좀 하여 주세요 하고 말한다.

할머니 보고 싶고 고맙고 눈물이 납니다.

어머니

어머니 일찍 돌아가시어
많은 추억 못 만들고 좋은 가르침 여의었지요
어렴풋이 생각나는 건
할머니 그늘 가려 자식들 예쁘단 소리 못하고
큰 돈 작은 돈 셈수도 잊고 꽃구경 시장구경 못 하고
윗어른 뜻 따라 기계 모양 일만 하셨지요.
빨래소리 절구질 소리 지금도 귓전에 울려옵니다.
엄마 밥고리 뒤쫓으며 투정 부리던 생각
자식에게 욕 한번을 마음대로 못 하시고
화가 나도 소리 한번 못 지르시고
순하고 순한 엄마 내 어머니
아버지 따라 밭일 거들고 가난한 살림살이
아끼고 아껴 사셨지요
밑에 동생 딴 세상 가던 날 장독대에 엎드려
통곡하던 어머니 생각납니다.
제 손 잡아주며 눈 뜨고 안녕하시던 모습
지금도 생생하게 기억납니다
어머니 조금만 더 사셨어도 정 많은 이 아들

엄마 품에 안겨 인생, 철학, 연애, 문학, 세계 노래하고
춤추면서 엄마 많이 웃기고 쓸쓸한 마음 몰아내 드렸을
텐데…
아버지 닮은 이 아들 학교 선생되어 불호령하며
아이들 가르치는 것
서울 시의원 되어서 서울시민 사랑하는 모습 보시고
손뼉 치며 좋아라 하셨을 텐데…
아버지 내 아들 반장이라고 검은 운동화 사주셨는데
엄마는 무엇을 주셨을까?
이 아들 나쁜 짓하여도 욕 못하시고
부자될 우리 아들이라고 웃음 짓던 어머니…
고학길 엄마 보고파 얼마나 찾고 울었는지
어머니 없는 세상 이 발 저 발 채이면서도
배우고 익혀 사회 공헌하면서 부끄럽지 않게
한 살림 꾸리었습니다
어머니 생각나면 유택 찾아
마음껏 소리내어 부른답니다

아버지 뵙고 싶습니다

운동회 날이면 까만 운동화 사주시고 반장이라고 대견해 하시고
9살에 재산 분배하여 지주시켜 주시고
11살에 장가들라 하시던 아버지
삼십리 길 중학생활 고학길 언 발 보시고
농사짓고 살자고 눈물 지으셨지요.
군대 가던 날 마당에서 뒷모습 보이시던 아버지.
윗방에 홀로 잔다고 술상시켜 주시고
선물 들어온 아리랑은 저 주시고 봉지 담배 피우시며
천궁 80근 베고 누워 우리 아들 장가 밑천이라고
처분 못 하게 하시고 쌈짓돈 1,500환 주시며
분가의 눈물 짓던 아버지

우리 아들 선생 되어 온다고 백일주 빚어
닭 안주 손수 만들어 주시던 아버지
못난 아들 끔찍이도 매만져 주셨지요

아버지 보고 드립니다.

착하고 장한 아들 되려고 노력하였습니다.
나무하고 풀 베고 소 몰면서도 책 보는 것 게으리하지 않아
성공이란 두 글자 아로새겨 가난하고 어려운 제자 많이 키
웠습니다.
돈도 만져보고 세계여행도 많이 하였고 벼슬하는 아들딸도
키웠습니다.

아버지 마음에 들지는 못해도 낮으막한 벼슬도 하였습니다.
아버지 글 읽는 소리 들으며 무릎에 잠잘 때가 그립습니다.
아버지 유택에서 상장 면허장 당선증 놓고 울었답니다.
아버지 문 열고 반기실 줄 알았는데
장하다 훌륭하다 바람소리에 귀 기울여 주시더군요.
아버지 아버지 보고 싶은 아버지
사랑하는 모습 보시고 손뼉 치며 나 좋아라 하셨을 텐데….

아버지와 여행

때는 1951년 이른 봄 어느 날이었다. 6·25사변이 끝나고 9·28 중군의 남침으로 서울과 지금의 삼팔선을 전후로는 피비린내 나는 전쟁의 상처, 인명피해, 동물들의 죽음에 악취가 진동하는 이른 봄이었다.

날씨가 춥고 전쟁 시에는 죽음의 공포로 별로 느끼지 못했으나 휴전이 되고 날씨가 풀려 뜰에 새싹이 나고 보리들이 청초하였다. 봄비가 제법 많이 내렸다.

우리는 경기도 양주시 백석읍 연곡리에서 살고 있었다.

우선 우리 집 가게를 간단히 소개하면 아버지 형제분들이 모두 4남 4녀 8남매이셨는데 우리 아버지만을 빼면 일곱 남매기 모두 서울에 사시었다.

아버지는 가장 위험한 전쟁을 겪으면서도 동생들 생각을 많이 하시었다. 아버지는 전쟁이 끝나기가 무섭게 동생들 안부를 아셔야 한다면서 서울에 가자고 하시었다.

차편도 없고 돈도 없는지라 감추어 두었던 참깨 5말을 아버지가 4말 내가 1말을 지고 서울길을 향해 발길을 옮겼다.
 비가 온 뒤라 비포장도로는 물이 고이고 발이 빠지고 험하기 짝이 없었다.
 처음에 십리 정도는 그런대로 잘 걸었다.
 홈죽리 마을을 지나 안골 고개를 넘는데 숨이 차고 소변을 보기 위하여 아버지보고 잠시 쉬어 가자고 하였다.
 아버지 허락을 받고 길옆에 섰는데 눈앞에 사람의 다리와 몸통이 보였다. 얼굴에는 한 삽의 흙이 덮여 있고 그 사일 빗물이 흐르고 까만 주먹진 손이 하도 무서워 아버지께 말씀을 드렸다. 아버지께서는 아무 말씀도 하지 않으시고 일을 마치었으면 어서 가자고 하시었다.
 나는 다시 아버지 뒤를 따라 고개를 넘어 내려오는데 여기저기 시체가 줄을 잇고 말들이 큰 눈을 뜨고 네 다리를 벌리고 누워 있는 것을 보고 전쟁의 참혹함을 실감했다. 시체 냄새를 맡으며 콩알만한 가슴을 안고 장흥면 송추를 거쳐 구파발에 이르기까지 아버지와 말 한마디 없이 묵묵히 걸어서 연신내와 불광동을 거쳐 마포에 이르렀다.

마포 공덕시장에서 참깨를 팔고 막내 고모가 사는 마포구 공덕동에 갔다.

다행히도 고모댁은 별 피해 없이 지내고 계시어 하룻밤을 자고 종로구 원서동 둘째 삼촌댁을 찾았다. 삼촌께서는 미쳐 도강하시지 않고 노량진에서 한의원을 개원하고 계셨으며 숙모께서 무사히 피난을 하셨다는 소식을 듣고 서울 계신 고모님들 숙부들의 안부를 파악한 후에 전쟁으로 부서진 건물들을 보면서 아버지와 나는 고향을 향했다. 많은 총알과 파편을 맞은 중앙청 건물 앞을 지나게 되었다.

아버지께서는 아무 말씀도 없이 이곳저곳을 살피시며 중앙청 정문에 한참 계시더니 태진아 너 이 집이 누구 집인지 아느냐? 이 집이 옛날에 임금님이 사시던 집이며 국민을 다스리는 공무원들이 근무하는 곳이라고 소개하셨다. 그러면서 너는 머리도 좋으니 열심히 공부해서 이 집에 와서 근무해야 한다고 말씀하셨다.

아버지의 소망은 내가 벼슬하여 크게 성공하는 것이었다. 나는 아버지 소망을 다 채워드리는 성공은 못 하였어도 아버지의 뜻을 받들어 열심히 공부도 하고 일도 하고 조그만 벼슬도 하였다.

아버지 돌아가신 지 40여 년이 흘러 지금 생각하면 전후에 못 볼 것을 보고 발이 부르트고 삼백 리 길 점심

식사도 하지 않은 힘든 여행이었다. 하지만 처음 아버지와 긴 여행이었을 뿐 아니라 귀한 희망의 말씀을 들어 더욱 값지었다. 등불 같은 말씀이라 늘 가슴에 새기었다.

아버지 사랑

　부모 사랑을 받지 않고 성장한 사람은 없을 것이다. 그러나 나는 일찍 어머니를 여의었기 때문에 어머니 사랑은 별로 기억에 남는 것이 없다. 하지만 아버지의 지극한 사랑은 나이를 들수록 더욱 감사하다.
　아버지는 어머니가 안 계시니까 밤늦도록 소설(옛이야기책)을 읽으셨다. 나는 아버지 소설 읽으시는 옆에서 공부하였고 아버지가 주무실 때면 아버지 옆에서 잤다.
　지금도 키가 작은 듯하지만 어렸을 때는 다른 친구들보다 키가 작아 달리기를 하면 항상 6등, 7등을 하였기에 아버지 마음을 기쁘게 하여 드리지 못하였다.
　그러나 초등학교 3학년부터는 반장을 하였기 때문에 늘 학생들이 모이는 곳이면 나는 늘 맨 앞에 서 있었다. 그리고 내 목소리가 크고 당차다고 선생님께 인사는 꼭 내가 맡아 하였다.
　아침 출근 시간이면 운동장에서 뛰고 놀다가도 선생님이 들어오시면 꼭 내가 차렷 구령을 하여 인사를 했다. 아버지께서는 저 인사하는 아이가 우리 아들이라고 자랑하시곤 했다.

운동회날이면 남달리 예쁜 옷과 신발도 사주셨다. 그리고 내가 맨 앞에서 운동회 시작과 끝에 인사하는 것을 보시고 그때 씩씩하게 잘하였다고 칭찬하셨다.

아버지는 늘 큰일을 할 사람은 자기 몸 관리를 잘하여 몸에 상처가 나지 않도록 잘 보호해야 한다고 하시며 무거운 물건이나 큰 짐은 지지 않게 하시며 건강을 많이 챙겨주시었다.

4학년 때쯤인가 한번은 가을 추수를 하는 날 마당에서 벼 가마니를 나르는데 일꾼들이 벼 가마니를 져보란다고 하여 그것을 지고 집안에 들어가다 아버지께 들키어 나보다도 일꾼들이 혼이 난 적도 있다. 그 아이가 장차 어떤 사람이 될 텐데 그 짐을 지게 하느냐는 호통에 일꾼들이 용서를 빌기도 하였다.

나는 서울에서 공부하다 시골집에 가면 반갑다고 집안 당숙모 또는 이웃에서 식사대접을 잘 받았다.

하루는 당숙모댁에서 저녁식사를 하고 놀다가 집에 오는데 집 앞 밤나무 밑에서 이상한 동물소리가 들려서 무서운 생각에 아버지를 불렀다.

아버지께서는 주무시다가 어떻게 비명소리를 들으셨는지 옷도 입지 않고 뛰어나오시어 나를 구해 주셨다.
 아침에 일어나 밤나무 밑에 가보니 늑대가 돼지새끼를 물고 와서 그것을 보호하기 위하여 나에게 위협을 가했던 것으로 아버지께서는 밤에는 혼자 다니지 말라고 타일러 주셨다. 아버지께서는 늘 내 곁에서 무슨 일이 일어날 것을 미리 아시는 것처럼 보살펴 주셨던 것이다.
 가정형편이 어려워 서울에서 노천 천막방에서 고학을 할 때도 힘들고 애쓰는 것을 보시고 내 손을 잡고 이렇게 어렵게 공부하지 말고 시골에 내려가 농사지으며 살자고 말씀하시기도 했다. 그러나 이 길이 제 길이라고 말씀드렸다. 대학교까지 교육을 마치고 중고등학교 교사가 되어 아버님께 인사를 드렸더니 장하다 우리 아들 아버지가 도와주지도 못하였는데… 하시며 기뻐하시고 이웃분들과 집안 대소가를 초청하여 닭을 잡아 술안주를 손수 만드시어 축하연을 베풀어 주셨다. 그러면서 장차 큰 사람이 될 것이라고 격려하여 주시던 아버지, 그 사랑이 그립고 눈에 선합니다.

대추나무 삼 형제

　내가 어려서 자라던 집 앞에는 대추나무 세 그루가 있었다. 대추도 많이 열리고 맛도 일품이며 나무가 커서 정자나무로도 잘 활용되어서 일 년 사시사철 나무 밑에는 온갖 사람들이 쉬는 곳이었다.
　우리 집은 동서로 길게 늘어진 마을로 정 중간에 자리하고 있었는데 백여 호가 사는 마을이다.
　그런데 유독 우리집 대추나무 있는 곳만이 쉬기도 좋고 아늑하고 간섭하는 사람이 없는 듯하였다.
　그래서 봄부터 겨울까지 못살고 가난한 시절 각종 소상인들 소, 돼지장사 뱀 잡는 땅군, 걸인 품바를 하는 남사당패 할 것 없이 모두가 모여서 쉬어 간다.
　이들이 쉬어 갈 때 우리 할머니는 가끔 그들에게 음식 대접을 잘하신다. 설움 중에는 배고픈 설움이 가장 섧다. 사람은 사람 귀한 줄 알아야 한다고 하시며 겨울에 몹시 추울 때는 떡국을 끓여 한 그릇씩 대접하고 한여름에는 국수를 만들어 한 그릇씩 대접하신다. 그리고 일년 내내 대추나무 밑에는 멍석을 깔아 그들이 편히 쉬도록 하시었다. 그래서 그곳에 오는 사람은 할머니만 보면 마님, 마님 하면서 항상 따르고 고개를 숙여 인사를 잘하는 것을 보았다.

  어려운 사람 도와주시고 불편한 사람들 화해시켜 주시던 우리 할머니 돌아가시고 그곳에서 자란 나는 열일곱 살에 서울로 홀홀 단신 유학길을 올랐다. 가난한 살림 속에서도 사람은 배워야 성공한다는 신념으로 격려하시던 아버지, 힘들어도 지칠 줄 모르고 뒷받침하여 주신 형 피와 땀의 학자금을 받아 주경야독하며 어렵사리 고등학교 대학을 졸업하였다.

  운이 좋아 중고등학교 교사생활, 자동차 회사 사장, 학원을 경영 등 눈코 뜰 사이 없이 활동하다가 사회봉사를 위하여 서울시의회 의원 생활을 끝으로 바쁜 생활은 이제 정리가 된듯하다.

  가끔 내가 살던 고향 대추나무 삼형제 집에 가고는 있지만 사회가 발전하고 개혁의 깃발 아래 그 자리는 양옥집으로 변모하고 그 다정하시던 할머니 아버지의 체취도 느낄 수 없게 변한 것이 너무 아쉬어 눈물을 흘릴 때도 있다

옛날과 같이 그 대추나무가 있고 그곳에 오던 손님들이 지금도 찾아오다면 나는 할머니보다도 더 따뜻하고 더 푸짐하게 떡국도 국수도 고깃국도 대접할 수 있을 텐데 하는 아쉬움과 경제가 어렵다고 아우성치는 현 사회에 우리 할머니 같은 사람 귀함을 깨우치는 정신이 있다면 난국을 푸는 데도 많은 도움이 되겠다는 생각이 들며 더욱 대추나무 삼 형제가 그리워진다.

아내 생일

7월 29일은 결혼 47주년째 맞는 아내 생일이다.
정릉에서 물동이 이고 미아리에서 구공탄 이고
시흥에서 로얄 타고 봉천동에서 구루마도 끌었다
아버지 일찍 돌아가실 것 알았는지
삼 돈짜리 결혼반지 팔아 생신잔치 베풀어 드려
조그마한 효성으로 마음 찡한 때도 있었지
아이들 잘 키우고 가정살림 알뜰히 해서
많은 내조하면서도 불평 없었다.
남편 가는 길 그르칠까 항상 노심초사
자기주장 못 펴고 질질 끌려다니며 살았다.
정치생활 경제생활 끝없는 역경 있을 때
구겨넣은 지폐들로 남편 마음 환하게
용기 잃지 않게 힘껏 도왔다
본인의 이름으로 학원설립 수많은 학생을
키우고 교육하여 사회 이바지도 하였고
봄가을 본인이 만든 음식으로 노인봉사도 하였다.
남편 정치 꽃 피우려고 무던히도 힘들여
4전 1기 성공도 이루었고

아이들 뒷바라지 끊임없이 노력하여
사무관 딸 일궈낸 아내다
힘들 때 단둘만의 국내 여행도 많이 다녔고
동남아 유럽 구라파 외국 여행도 많이 하면서
행복한 시간 귀부인의 대접도 많이 받았다.
스물세 살 결혼할 때 앵두만은 못해도
포도알 만큼은 예쁘다고 생각했는데
이제 늙고 병마에 시달리니 건강하기만 기원하네
하도 많이 고생시켜 생일 때가 아니라도
꽃다발 보석반지 아름으로 주고 싶었는데
어찌하여 거미줄로 얽힌 인생
생일날 돌아오면 따뜻한 밥 한 그릇 제대로 못 차려 주니
항상 미안하고 미안하다
올해도 그럭저럭 넘어갈 것 같다
내년에는 깨끗하고 우아한 레스토랑에서
와인 한 잔 나누면서 지난 일들 되새기고 싶은데
잘 될까. 그때 가봐야지

참교육

나는 학생들을 열심히 지도하였다.

사회 경험이 없이 오직 대학을 졸업하고 교원자격증이 있는 것만으로 학생들의 정서나 심리는 아랑곳하지 않고 배워야 발전하고 배워야 승리하고 배워야 멋있게 살 수 있다는 그럴듯한 언변으로 학생들이 내 강의를 이해하든 또는 싫증을 내든 말든 내 주관대로 초창기 교사 생활을 하였다.

그저 열성만 가지고 지도하면 되는 줄 알고 다른 선배 선생님들과는 달리 일찍 출근해서 청소도 해주고 조회와 종례 시간에도 한자를 칠판에 몇 자씩 써주고 외우라고 하고 노트 검사를 하고 공부에 힘들어하는 학생은 개인 상담도 하고 쫓아다니며 위로와 격려도 하면서 내 가정이나 내 생활은 전혀 생각지 않고 오직 학생들만을 위하여 내 모든 것을 바치듯이 심혈을 기울였다.

학생이 몸살감기라도 나면 나는 내 돈을 들여 약을 사주고 등록금을 못 내고 몹시 어려워하면 남몰래 등록금도 대납하여 주고 내 나름대로 학생을 위하여서는 최선을 다하며 정성을 기울이니 자연적으로 학생들이 잘 따라주고 인기도 있고 존경도 받은 듯하였다.

하루는 출근하여 열심히 강의하는데 내 담임반 반장이 강의실에 찾아왔다. 무슨 일이냐고 물으니 한 학생이 배가 아파서 일어서지도 앉지도 못하고 쩔쩔매고 있다고 하였다.

나는 급히 강의를 마치고 담임반에 가니 정말로 학생이 울고 있었다. 나는 당황한 나머지 반장보고 학생을 업고 병원에 가자고 하였다.

그러나 또래의 학생이 업기에는 너무 힘들어 어쩔 수 없이 와이셔츠 바람으로 학생을 업고 근처 병원을 찾았다.

진단 결과 급성맹장염 큰 병원으로 가라 하였다. 나는 다시 아이를 업고 택시를 타고 큰 병원에 가서 응급처치를 하고 학부형 집에 연락하려 하였으나 전화도 없는 시절이라 어찌할 방법이 없어 교사 신분을 담보로 수술을 받게 하였다.

수술을 잘 받고 퇴원할 때까지 나는 아침에 병원에 들러 상태를 점검하고 퇴근 때 들러 점검하여 주었다. 나의 조그마한 정성과 책임감으로 건강한 몸으로 수업을 받는 것을 보면서 참 고맙다고 참 다행한 일이라고 생각하였다.

며칠 후 어느 날 내 책상 위에 편지 한 통이 놓여 있었다. 나는 무슨 편지인가 하고 겉봉을 뜯어 보았다. 익명으로 보낸 편지 내용인즉 '선생님 저도 어느 학생과 같이 맹장염이 걸리고 싶어요'였다. 선생님 제가 맹장염에 걸려도 누구와 같이 업어주고 병원비 내주고 아침저녁 병문안 오실 거죠. 저도 선생님 사랑받고 싶어요. 나는 편지를 읽고 한참을 생각하고 알았다.

학생들은 표현은 하지 않아도 성과 열을 다하여 지도하면 그 선생님을 따르고 싶고 그 가르침을 받고 싶어한다는 사실을 말이다.

특히 감수성이 예민한 사춘기 학생들일수록 선생님은 본보기가 되어주고 선망의 대상이 되어주며 선하고 따뜻한 마음씨를 보여주고 솔선수범하는 교육이 참교육이 아닐까 한다.

행복이 어디 있느냐 묻거든
내 집이라 하소서

조태진 시인의 작품 세계

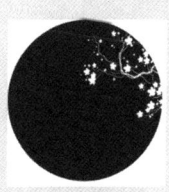
나는 그 마음이 좋아서 …

나는 그 마음이 좋아서
한눈팔지 않고 넓은 들판 황무지도
마음 놓고 활보하고 밀알을 찾아
결실을 맺나 봅니다

정감어린 리듬에 실려 피어나는 꽃

이철호 소설가

조태진 시인은 살아가면서 자연스럽게 느껴지는 감흥을 익숙한 3·4(3)조의 민요적 가락에 담아내었다. 그 가락은 슬프거나 외롭지 않다. 시냇물이 흘러가듯 돌돌거리며 흥겹게 독자의 마음으로 흘러와 기쁨과 감사로 용솟음치게 한다.

찔레꽃 이밥꽃 만개한 사이로
봄비는 바람도 없이 달달 내린다.
연분홍치마 벌리고 소원성취
복을 비는 아낙네 마음을 아는지

메마른 대지에 촉촉이 스며들어
따뜻한 솜이불 식물들 싹 틔우고
온갖 동물들 생명이 꿈틀댄다

검푸른 나뭇가지 잡새들 짝 찾는 소리
봄의 풍요로움 친구들 찾아오고
봄 향연 축하하는 봄비로구나
<봄비>

'메마른 대지에 촉촉이 스며들어' 생명의 역동이 시작되는 것은 봄비 때문이다. 겨우내 숨죽이고 있던 만물들이 톡톡 노크하는 봄비로 깨어나고 있다. '봄비는 바람도 없이 달달 내린다'에서 '달달'은 의성어 내지는 의태어로 쓰인 것인지도 모른다. 하지만 미각적 의미의 확장으로서 '달달하다'의 '달달'로 읽히면서 시는 보다 내밀해진다. 이는 일반적인 자연현상이 개인적인 사건으로 內化하며 일어나는 파장으로 한층 시를 격상시키고 있다.

시인은 자신의 주변에 일어나는 온갖 것에서 아름다움을 보고 즐거워하며 기뻐한다. 시인의 긍정성은 무한해 보인다. 〈산골에서〉는 단순하지만 사심 없이 맑고 밝은 시인의 심성이 느껴진다.

> 깊은 산중 별만 보이는 수목 속
> 진달래 꽃길
> 떨어지는 벚꽃잎 머리에 이고
> 비행기 자동차 자전거를 타본다
> 웃음이 난다
> 즐겁다
> 행복하다
> −<산골에서> 중

'비행기 자동차 자전거를 타본다'에서 화자가 단지 산

골에서만 머물렀던 것이 아님을 알게 된다. 비행기를 타는 순간조차 화자의 머리 위로 벚꽃잎이 떨어지고 있다. 여전히 화자는 하늘만 보이는 깊은 산중에 있는 것이다. 이는 화자가 어디에 있든지 마음에는 푸른 숲으로 가득하여 늘 웃음이 나고 즐겁고 행복하다는 의미이다. 주위의 환경이나 상황에 쉽게 동요하지 않는 시인의 '견고함'을 엿볼 수 있는 대목이다. 화자 안에 깊은 숲이 있어 외적인 소란스러움이 그 숲을 쉬이 흔들 수는 없는 것이다.

> 풀어논 마음 가눌 수 없어
> 촌부의 술 한잔 청하니
> 동해바다 맑은 물
> 마음을 담그고 있구나
> -<여행> 중

이 호기로움은 화자 안의 넓고 깊은 숲의 현현으로 이해할 수 있지 않을까.
이렇듯 자연의 아름다움을 풍부한 서정으로 누리고 있는 시인의 시 대부분 오랜 시간을 두고 한 편 한 편 쓰였다.
어찌 시인의 삶이 그저 풍요롭고 아름답기만 했을까. 일찍 어머니를 여의고 중학교 이후 독학하며 지독한 가난을 견뎌야 했다. 하지만 <당신의 마음>에는 화자의 숲에 들어차 있는 나무들을 엿볼 수 있다.

당신의 마음은 빨간가요 파란가요 하얀가요
하얀 마음일 것 같아요
나의 어둡고 괴로운 것, 분별 못 하는 것, 철없는 것
모두를 덮어주니까요
환한 햇빛보다 티 없는 보름달보다
내 마음 잘 비춰주지요

어쩌다 강물에 빠지려고 할 때도
험한 산 떨어지려 할 때도
비바람 폭풍우가 다가와도
당신은 내 허리를 감싸고 미소 짓지요
나는 그 마음이 좋아서
한눈팔지 않고 넓은 들판 황무지도
마음 놓고 활보하고 밀알을 찾아
결실을 맺나 봅니다
그 마음 그리며
그 마음속에서 꽃피고 열매 맺고 살렵니다
-<당신의 마음>

  여기서 당신은 누구를 가리키는 것일까. 언뜻 화자의 아내로 해석될 수 있다. 그러나 '당신'은 화자의 아내에서 아버지, 할아버지, 할머니 더 나아가 자연, 그보다 이 모든 것을 허락한 신에게까지 확장될 수 있다.
  '나는 그 마음이 좋아서/ 한눈팔지 않고 넓은 들판 황무지도/ 마음 놓고 활보하고 밀알을 찾아/ 결실을 맺나 봅니다'

깨어있다는 것은 어떤 의미일까를 생각하게 하는 구절이다. 주어진 것을 '당연하게' 받아들인다면 감사는 없다. 존재하는 그 자체가 기쁨이 된다면 어려움이거나 고통이거나 하는 것은 삶을 앙양시키는 도전이 될 것이다. 하지만 있는 그대로를 긍정하지 못한다면 고난이라 여겨지는 것들에서 절망을 보게 될 것이다. 화자의 삶을 대하는 태도는 얼마나 선하며 아름다운 것인가.
다중적인 의미가 다층적인 색채 안에서 '인생'의 섭리를 펼쳐놓은 듯, 완성도 높은 작품이다.

이렇듯 시인은 선한 눈매로 자연의 아름다움을 노래한다. 안빈낙도하는 산촌의 농부처럼, 근심 없이 풍류를 즐기는 사람처럼 유유자적하다. 하지만 시집의 서문에서 밝힌 바처럼 조태진 시인은 참으로 바쁜 사람이다. 어려운 환경 속에서 대학을 졸업하고 학교 선생을 하는가 하면 학원을 경영하고, 서울시 의원으로서 정치가의 길도 걷는다. 팔순이 훨씬 넘은 나이에 여전히 사업체를 경영하고 있다.
이런 시인이 어떻게 주어진 삶의 아름다움을 풍성하게 누릴 여유로움을 가질 수 있었을까. 어린 시절의 할아버지, 할머니, 아버지로부터 받았던 사랑이 시인의 마음에 넓고 깊은 숲을 이루었기 때문이 아닐까. 퍼내어도 퍼내어도 마르지 않는 어머니의 사랑 같은 샘물이 그 숲에서 흘러나오고 있다.

〈노루는 당당하게 잡아라〉에서 삶의 원칙을 세워주신 할아버지, 어머니만큼 극진했던 할머니의 애틋했던 사랑, 그리고 손수 닭을 잡아 축하연을 베풀어 주셨던 아버지, 오가는 불쌍한 사람들을 위해 떡국을 끓여내었던 집안을 생각한다면 시인의 이러한 성정이 우연한 것이 아님을 알게 된다.

시인의 삶이 그리 녹록하지 않았다는 것을 감안한다면, 후회 없을 만큼 삶의 성취를 이루었다는 것을 생각한다면, 가뿐 삶의 현장에서도 시인이 마음의 여유를 잃지 않았을 수 있었던 이유가 아닌가 한다.

그 마음의 여백들에서 시인은 삶의 아름다움을 누릴 수 있었고, 자신의 색깔과 빛을 잃지 않고 그 빛으로 다른 이의 어려움과 아픔을 돌아보며 이웃들과 어울려 살아갈 수 있었으리라.

3·4(3)조의 율격이 돌돌 시냇물이 흐르듯 시 편편이 오래된 풍경 속으로 흘러간다. 다성하고 보고팠던 그리운 것들이 정감어린 리듬에 실려서 한 송이 한 송이 꽃으로 피어나고 있다.

끝맺으며

나는 1935년 9월 22일(음) 경기도 양주시 백석읍 연곡리 275번지에서 출생하였다.

내가 기억나는 것은 4세 때 할아버지 손을 잡고 서당에 간 것이 기억나고 목화밭에서 어머니께 칭얼거린 기억도 난다.

7, 8세 때 뒷산에 올라 알밤을 주워 오던 기억도 조그만 개천에서 가재 잡고 물고기를 잡던 기억은 확실하다.

해방이 되고 어머니께서 돌아가시어 초등학교 입학시기 집안 형편이 매우 어려워 이때부터 지게를 지고 나무를 하고 소풀을 베는 것이 일과가 되었다.

11살에 초등학교에 입학하여 월반을 거듭하여 15세에 졸업하고 중학교에 진학하여 고학으로 고등학교를 졸업하고 가정교사를 하면서 직장을 다녔으며 군에 입대하여 복무하면서 야간대학 국문과를 다녔다.

제대를 한 후 중학교 교사를 하면서 동국대학교 국문과를 졸업하였으며 대동중상업고등학교에서 본격적으로 교육자의 길을 걸었다.

그러나 뜻하지 않은 질병(폐결핵)으로 학교를 사직하고 운수사업에 투신하여 국가재건 발전에 크게 공헌하였다.

넉넉지 않은 회사를 운영하면서도 업자들과 동행하여 일선장병을 위문하고 군 천막사에 비닐 장판을 깔아주며 사회에 그런대로 만족하지는 못했어도 봉사도 하던 중 박정희 대통령께서 서거하면서 정치 경제가 혼란에 빠지고 사회가 어지러운 시기를 맞이하여 정계에 입문하게 되었다.

본래부터 내 낢대로 타고난 성품이 불의를 배척하고 탐욕을 멀리한 터라 나의 소자본으로 정치생활의 일익을 일구어 갔다.

정치생활의 자금 소모는 참으로 상상을 초월하여 국회의원 공천에 임하여 자금은 바닥나고 공천에 낙방하여 지금까지 일궈온 모든 생활 터전은 산산히 부서지고 앞길이 막막할 뿐이었다.

나로서는 누구에게 하소연도 백기를 들 수도 없이 진퇴양난의 인생길도 맛보았다. 다만 옆에서 잘잘못을 눈여겨 지켜본 아내만이 용기를 주었다.

지금까지 쌓아온 삶과 용기의 재산을 총동원하여 앞일을 의논하여 준 아내의 조언을 받아들여 나는 무일푼으로 빚과 빚을 총동원하여 서울시 관악구 봉천동 한복판에 조그마한 학원문을 열었다.

많은 학원과 경쟁을 하면서도 일념으로 지도하는 정성에 학생들은 날로 늘고 교사들의 열성은 참으로 놀랍게도 3개월 만에 정상을 향하여 발전하기 시작하였으며 주야로 학생들 학부모들의 상담으로 빈틈이 없었다.

  나는 생각하였다. 내가 갈 길은 바로 교육이고 학생들과의 삶이 내 인생이라고 아내와 같이 1년 2년 교육의 길은 참으로 행복하고 값진 길이었다.

  그러나 내가 이루고자 하였던 정치에 대한 꿈은 나무 밑에 샘물처럼 항상 솟구쳐 흘러 학원일을 열심히 돌보면서도 정당에 가입하여 책임 있는 당직을 수행하면서 활동하였다.

  마침내 나는 서울특별시 시의원에 입후보하여 낙선하고 세 번째 만에 당선되어 시정을 논하고 서울시민을 위하여 올곧은 마음으로 걸음을 걸었다.

  이제 나이 많으니, 정치도 교육도 지나온 일들은 모두가 추억 속에 그림으로 자리를 잡고 한가하게 있으면 쓸쓸해져 지인의 안내로 큰 회사에 몸을 담아 열심히 경영수업을 하고 있다.

특별히 잘한 일도 없고 많은 것을 이룬 것도 없고 기억 없는 소소한 일로 한 생을 살았다고 생각하니 또 쓸쓸해진다.

인생이란 무엇인가. 그저 돈, 행복, 욕심, 시기, 질투, 명예, 도덕, 철학 등 풍성한 낱말을 외우며 씹으며 시간이 흐름을 공유하다 삶을 마치는 것인란 말인가. 나는 오늘 보잘것없는 내 추억의 일부를 간직하고 싶어서 열다섯 열여섯 살 소년의 마음으로 이 시집을 만들었다. 추억은 새싹 모양 티없이 맑아 눈물나게 고웁지 않은가.

단풍, 나는 너를 보면 눈물이 난단다
단풍처럼 살고 싶어라

풀어는 마음 가늘 수 없어
촌부의 술 한잔 청하니
동해바다 맑은 물
마음을 담그고 있구나